Jette Barlag

**Lasst aus Buchstaben
Wörter werden
Und aus Wörtern Worte**

Gedichte und Gedanken

Jette Barlag

Lasst aus Buchstaben Wörter werden und aus Wörtern Worte

Gedichte und Gedanken

Impressum

Bibliografische Information der Deutschen Nationalbibliothek:
Die Deutsche Nationalbibliothek verzeichnet diese Publikation in der Deutschen Nationalbibliografie; detaillierte bibliografische Daten sind im Internet über http://dnb.dnb.de abrufbar.

© 2019 Jette Barlag

Fotos u.a. Pixabay

Herstellung und Verlag: BoD – Books on Demand, Norderstedt

ISBN: 978-3-7494-8266-5

Hoppla

„Hoppla", sagte das Vorurteil,
als es über eine kleine Wahrheit stolperte.
„Da war ich wohl nicht voreilig genug."
Es hatte sich gerade eine ordentliche Portion
fermentierter Argumente geholt,
frisch vom Phrasendrescher,
und gesellte sich nun wieder
an einen Tisch mit der Fremdenfeindlichkeit,
deren Ausruf „Die nehmen uns die Arbeit weg!"
das wilde Gestikulieren ihrer Hände untermalte,
welche sie für gewöhnlich doch so viel lieber
in die Tasche steckte oder in den Schoß legte.

In diesem Augenblick durchschnitt der Schrei
„Das ist Missbrauch!", die angenehm feindselige
Atmosphäre des Etablissements.
Es war die Menschlichkeit,
welche durch einen Türspalt sorgenvoll
auf die Macht schaute, die gefesselt
und willenlos in einer Ecke des Raumes saß.
Als das Mitläufertum Anstalten machte,
auf die Menschlichkeit eingehen zu wollen,
schlug der Radikalismus die Tür zu.

Puh.
Endlich Ruhe.
Nur kein Frieden.

Interstellar

Auf welchem Stern.
Eigentlich.
Auf welchem Stern ich eigentlich wohne,
war die abschätzig ironische Frage,
mit der mich mein Gegenüber
wie mit einer Lanze durchbohrte,
als ich den absolut ernst gemeinten
Wunsch formulierte, dass auf der Welt
vollkommener Frieden herrschen
und das Gefälle zwischen arm und reich
weitaus kleiner werden möge.

Ja auf welchem Stern denn?
Eigentlich?
Wo sind sie denn eigentlich wohl zuhause,
meine Gedanken, meine Emotionen,
meine Wünsche und Sehnsüchte?
Wo bin ich zuhause?
Wenn es dafür einen Ort gäbe,
war meine aufrichtige Bemühung einer Antwort
auf eine Frage, so dämmerte mir allmählich,
die gar keine war,
wenn ich es also an einem Stern festmachte, naja,
dann sei es wohl eher etwas Interstellares.

Schließlich möchte ich mich,
so gut es denn geht, zwischen den Welten,

also meiner und der dritten, bewegen.
Erkennen will ich, vermitteln, helfen,
heilen und Sorgen nehmen.
Lebendig reden, was totgeschwiegen wird und
wachrütteln, was irgendwann in fetten,
zufriedenen Schlaf gefallen ist
Zwischen persönlichem Luxus, Gleichgültigkeit
und egoistischem Denken,
was nicht schlummert, sondern die Realität mit
zugekniffenen Augen verpennt, ohne Ambition,
erweckt werden zu wollen.

Rollende Augen werden zu einem schneidend
scharfen Blick, wenn sie mir sagen, nein vielleicht
eher vorwurfsvoll in das Gesicht schreien,
dass uns all das nichts angehe, nicht zu
interessieren habe und die Glückseligkeit
unseres Lebens diesseits, also innerhalb
der funkelnd ausgekleideten Scheuklappen störe.
Es sei doch alles gut so, wie es ist
und warum wohl die jungen Leute immer die Welt
verändern wollten ...

Helfen zu wollen,
möchte ich mit Nachdruck betonen,
ist in keinster Weise meiner Jugend und meinen
Lebensjahren, sondern einzig und tief verbunden
meinem Mitgefühl und meiner Menschlichkeit
geschuldet.
Beides hüte ich tief in mir am selben Ort,

wo auch die Sehnsucht nach einer gesunden Welt
und einem Klima, das mir nicht den Atem raubt,
nicht nur beherbergt, sondern so tief
verankert sind, dass ich sie,
und darum bitte ich inständig, auch auf einem
langen Lebensweg nicht verlieren kann.
Und sollten doch auch mein Enthusiasmus
und meine Empathie
irgendwo auf der Strecke bleiben,
unbeabsichtigt aber möglicherweise
fahrlässig oder unbedacht,
erinnert mich daran!

Wenn ich eines fernen Tages
in einem Schlauchboot schippere,
und zwar zum Vergnügen
und nicht um mein Leben,
erinnert mich daran,
dass es auch anders sein kann.
Erinnert mich daran, dass ich Kriege,
Flucht und Missachtung der menschlichen Würde
nicht wollte.
Erinnert mich daran, dass ich dagegen war,
wenn Menschen, Rechte und Menschenrechte
mit Kampfstiefeln aus ihrem Zuhause
und ihrer heilen Welt getreten wurden.
Wenn mich die letzten angestrengten Atemzüge
unter meiner Sauerstoffmaske am Leben erhalten,
erinnert mich daran, dass ich bereit,
wirklich bereit war,

etwas für das Klima und die Umwelt zu tun.
Erinnert mich an meine erste große Liebe,
meine Liebe zur Natur, die ich nie vergessen,
aber als sie mir Blatt für Blatt,
Wind für Wind,
Grad um Grad
durch Menschenhand entrissen wurde,
zutiefst betrauert habe.

Wenn ich einmal Gutes tun will,
erinnert mich daran, dass ich GUTES TUN will
und nicht nur ein paar Euro überweisen
an eine Person oder Institution,
die mir und meinem Gewissen vorgaukelt,
in meinem Namen Gutes zu tun.

Erinnert mich.
Erinnert mich daran, dass ich dagegen war!

Goldene Mitte

Ich möchte die Welt weder verbessern noch kritisieren,
alles worum ich die Menschen bitte,
ist, dass sie die gesellschaftlich goldene Mitte
weiten; denn sonst kann es passieren,
dass wir es versäumen,
wie Kinder zu träumen
und die Weisheit der Alten
in uns zu entfalten.

Zum heutigen Zeitpunkt frage ich mich sehr:
Sind die Kinder zu schwach und Senioren senil?
Oder erlaubt sich die Mitte einfach zu viel?
Wann sind wir gut genug und wann nicht mehr?
Wer ist es, der die Gesetze bestimmt?
Und den Alten die Selbstbestimmung nimmt?
Ist es nicht so, dass man die Jüngsten überhört,
weil ihre Unbeschwertheit das Regelwerk stört?

Die goldene Mitte schätzt Konformität,
der kognitive Perfektionist,
der selten die Fantasie vermisst,
ist der, der das freie Gefühl verrät.
Die Unvoreingenommenheit der Kinder und die
Weisheit der Alten
könnten uns helfen, eine schönere Welt zu gestalten.
Das Gespür für das Leben scheint genau genommen
zwischen 30 und 60 abhandengekommen.

Taucht kopf – und herzüber in ihre Welten ein,
nehmt sie in jedem Alter war;
denn was sie denken, ist wunderbar
und wird der Schlüssel zur Menschlichkeit sein.
Die Mitte ist stark, ich stell` s nicht in Frage,
ich erkenne sie an, auch wenn ich beklage,
dass sie Macht, Gesetz und Mittelpunkt sind.
Aber auch sie werden gewiss alt und waren ein Kind.

Ich möchte die Welt weder verbessern noch kritisieren,
alles worum ich die Menschen bitte,
ist, dass sie die gesellschaftlich goldene Mitte
weiten; denn sonst kann es passieren,
dass wir es versäumen,
wie Kinder zu träumen
und die Weisheit der Alten
in uns zu entfalten.

Eisblume

Ich bin umgezogen.
Aus meiner kleinen heilen und behüteten Welt
habe ich mich auf den Weg gemacht.
Nicht gestützt, nicht geschickt, nicht geschubst
und auch nicht am Händchen,
sondern auf eigenen Beinen stehend,
also eigenständig
gehe, hüpfe, tanze, springe, ja bewege ich mich
in neue Lebensräume und Lebensabschnitte,
die nicht vom Leben abgeschnitten sind,
wie der Begriff möglicherweise falsch suggeriert,
sondern fest mit ihm, also dem realen, echten
Leben verbunden sind.
Ich wechsle die Räume und verlasse den,
wo meine kindlichen Träume sich noch anfühlten,
als seien sie Realität.
Das hier ist kein Kinderzimmer mehr,
hartes Pflaster ersetzt den Spielteppich,
unaufhaltsam dreht sich das Rad.
Aber ohne Stütze.
Kein Stützrad bewahrt mich davor, zu fallen -
was irgendwie auch gut ist;
denn es hatte seine Zeit und heute schiene es mir
irgendwie unzeitgemäß und lächerlich,
liefe noch immer jemand hinter mir her,
um mich in der Balance zu halten
und vor Blessuren zu bewahren.

Jetzt bin ich bereit zu stolpern, mich zu stoßen
und zu fallen, weil, wenn ich eben das nicht täte,
also fiele, lernte ich es auch nicht,
wieder aufzustehen.
Aber genau dafür bin ich hier und stehe an einem
Punkt, wo mein Standpunkt der Punkt ist, an
dem ich stehe, weil ich selbstständig dorthin
gegangen und nicht zufällig gestolpert bin.
Ich bin nicht rausgeflogen und nicht fortgelaufen,
sondern ausgezogen aus der Blase,
die meine Eltern wie ein Schutzschild
um mich gelegt haben.
Ich wechsele also die Räume und finde mich nun
in einem, der nicht über Spielwiese und Balkon
verfügt, stattdessen aber unverbauten Blick
durch das Fenster zur Welt zulässt.
Meine Vormieter hielten es stets geschlossen,
weil sie sich durch Hilferufe
in den Straßen der Welt jenseits eben dieses
Fensters gestört fühlten.
Achtsam hauche ich die Realität an,
um klare Sicht auf die Welt außerhalb
dieser scheinbar sicheren vier Wände zu schaffen,
welche mir bislang verborgen bleibt,
weil Eisblumen sich am Fenster der Welt
gebildet haben.
Eisblumen.
Von innen hübsch anzusehen,
sind sie tatsächlich Botschafter der Kälte,
die da draußen bitterlich herrschen muss.

Wenn auch ich dieses Fenster
nun geschlossen halte,
verschließe ich mich vor der Kälte und mit ihr
der Realität, die eisig sein kann,
weil es das Leben mit einigen da draußen
nicht besonders warm und weich und hell
und überhaupt erlebnisreich und lebenswert
gemeint hat.
Aber *Fenster zu* bedeutet schlechtes Klima
und stickige Atmosphäre.
Es stinkt!
Mir.
Es stinkt mir, dass dieses Fenster zur Welt
schon viel zu lange geschlossen war,
wie die Mauer, die es umgibt.
Ich reiße es auf und lasse zu,
dass sich die Kälte mit meiner Wärme verbindet,
sodass zwei menschliche Klimazonen
aufeinandertreffen, nicht aber aufeinanderprallen,
sondern atmosphärisch harmonieren,
ohne dass es kracht oder Tränen regnet.

Und dann zieh ich mich warm an und geh da
raus.
Und was das Beste ist:
Ich freu mich drauf!

Magie

Da gibt es etwas in unserer Welt,
was das Herz berührt,
den Geist verwirrt
und unser Sein in Atem hält.

Da gibt es etwas: nicht zu berühren,
unfassbar,
unantastbar,
unerklärbar und doch zu spüren.

Magie!

Lebenszeit

Alles wächst
Alles reift
Alles hat seine Blüte
Alles vergeht
Alles hat seine Stunde
Alles hat seine Zeit

Kind sein
Erwachsen werden
Zart sein
Stark werden

Träume werden zu Erfahrungen
Leichtigkeit wird zu Erinnerung
Alles hat seine Stunde
Alles hat seine Zeit

Alt

„Ich bin alt" sollte blumenverziert und in
schönster Schrift auf einem Button stehen,
den wir den Menschen, welche achtzig Sommer,
vielleicht auch einige weniger oder viele mehr,
gesehen haben, an die Brust heften
und das als verdientes Schmuckstück,
nicht aber als Hinweis auf mangelnde Qualität
und drohende Überschreitung des
Mindesthaltbarkeitsdatums.
Sollten wir. Tun es aber dennoch nicht.
Alt gilt in unserer Gesellschaft und ihren
oberflächlichen, wertenden
und nicht zu Ende gedachten Gedanken als
Synonym für Schwäche, Gebrechlichkeit,
eingeschränkte Denkfähigkeit und
Dysfunktionalität.
In Erwartung, dass Synapsen untrennbar
Hand in Hand gehen,
negieren wir das Alter und merken
bei dieser Sicht der Dinge nicht,
was bei uns nicht funktioniert,
unfähig, sich zu verbinden wie die Synapsen
eines lange durchdachten Gehirns, das voll ist
von Gedanken und Leben.
Alter wird propagiert als schwächlich, dümmlich,
kindisch-anstrengend.
Unangepasst, auf seine eigene Art oder Unart
irgendwie unartig.

Die Gesellschaft ist dagegen,
auch wenn sie anders spricht.
Sie mag es konform, uniform,
alles im Gleichschritt, Gleichschritt.
Fehlschritt unerwünscht. Alles im Takt.
Wir haben unser Leben auf der Reihe und dann
tippelt eine Omi am Rolator
gebeugten Schrittes wohin sie will.
Ja sie tanzt, tanzt einfach aus der Reihe,
normwidersprechend
tanzt sie, wie sie will und nicht etwa so,
wie die altersdurchschnittliche Gesellschaft
die Reihe aufgefädelt hat.
Alt ist nicht antik. Träum weiter!
Oder hat es vielleicht doch besonderen Chic?
Warum, frage ich mich und eigentlich auch dich
und wenn ich schon dabei bin
jeden einzelnen der Reihetanzer und
Gleichschreiter unter uns,
warum sind ihre Augen müde?
Weil sie unzählige Augen-Blicke erlebt, überlebt,
genossen, überstanden
und der folgenden Generation geopfert haben,
um Wege zu ebnen, auf denen sie heute gehen,
stehen, tanzen und gleichschreiten können.
Belächelt diese müden Augen nicht.
Lächelt sie an.
Tragt Sorge dafür,
dass sie die Silhouette der Liebe erkennen,

obschon sie mehr oder weniger oder kaum noch,
verschwommen oder eben nahezu gar nicht mehr
sehen können.
Erinnert euch an die Ausstrahlung und das
Leuchten dieser Augen.
Vergesst es nie;
denn es hat euch glücklich gemacht.
Warum hören sie schlecht, diese Ohren, in welche
ihr so oft euren Kummer geweint habt,
ohne befürchten zu müssen, dass er
durch das eine hereinkommt
und durch das andere unbeachtet verschwindet?
Weil sie zugehört haben,
weil sie euren Geschichten lauschten,
weil sie unermüdlich,
aber im Alter eben doch nicht, sondern müde,
angehört haben, was wir zu sagen haben.
Warum ist ihre Stimme schwach
und ihr Körper nicht minder?
Warum, denkt ihr, verändert sich ihre Gestalt?
Weil das Leben sie gebeugt hat und weil sie den
Grundstein unserer Existenz,
auf dem die Verantwortung für unser Leben saß,
auf ihren Schultern getragen,
also für uns geschultert und wenn nötig
auch gestemmt haben.
Ja bitte, liebe Gleichschreiter, Reihetanzer und
Vorverurteiler,
da möchte ich kritisch mit hochgezogener
Augenbraue hinterfragen,

ob es denn nicht vollkommen verständlich und in
Ordnung ist, wenn wir die Ordnung
nicht verstehen, die in einem alten Geist
nicht mehr herrscht, der so voll und gefüllt,
so vollgefüllt ist mit Gedanken und Erinnerungen
und Augenblicken, dass er sie kaum mehr
zu sortieren vermag.
Na und? Helft doch mal und packt lieber
ein bisschen mit an, anstatt die Unordnung
zu kritisieren und sich von ihr gestört zu fühlen.
Nehmt den verlorenen Faden auf, ehe er
in der Unordnung verloren geht oder reißt
und knüpft daraus ein tragfähiges Netz,
das unsere Ahnen und etliche Sommer weiter
auch uns selbst fängt.
Alte Menschen sind weder Dumme noch Kinder,
sondern weise, auf ihre ganz eigene Art und
Weise, schützend verpackt in einem Knäuel
verworrener aber dennoch verwobener Gedanken.
Wenn wir es schaffen,
Altenheime als Ahnenheime zu betrachten
Und Greise als Weise,
wenn wir uns bemühen,
dem verlorenen Gedanken
bis zu seinem Ursprung zu folgen
und ihn wertschätzend aufzuheben,
wenn wir lernen, durch trübe Augen hindurch
die Kraft eines ganzen Lebens zu bestaunen,
dann erst leisten, erkennen und anerkennen wir,
was dieser besonderen Generation,

ohne die wir nicht wären, gerecht wird.
Und wenn Omi oder Opi,
kauzig wie sie auch sein mögen und dürfen,
sich ihren Kartoffelsalat in die Pfanne hauen
und stolz sind, weil sie sich selbst
und eigenständig eine Mahlzeit gezaubert haben,
verlacht und kritisiert sie nicht dafür,
sondern fragt höflich, ob ihr kosten dürft
und staunt.

Warum?

„Der liebe Gott wache über dich,
meine kleine Marie",
hören wir und haben
eine deutsche Mutter vor Augen,
die ihr Neugeborenes behütend
in ihren Armen wiegt.

„God bless you, little George"
hören wir und stellen uns
amerikanische Eltern vor,
die ihren kleinen Sohn liebevoll
unter Gottes Schutz stellen.

Was ist nur
in der Welt und unseren Köpfen passiert,
dass wir bei „Allahu akbar, Mohammed"
an Terrorismus denken und nicht
an die sanfte Stimme einer islamischen Mama,
die ihr Kind liebt?

Scharmützel

Jugend und Eltern können schwer kommunizieren,
sodass wir bisweilen den Faden verlieren,
wenn Mutter und Vater uns belehren mit Thesen,
die gefühlt vor Jahrzehnten modern gewesen.

Verständnisvoll lächle ich in ihr Gesicht,
doch offen gestanden verstehe ich nicht,
was genau sie mir nun vermitteln,
wenn sie sich selbst als erwachsen betiteln.

Gespieltes Verständnis signalisiere ich
und denke bei mir: Das langweilt mich.
Bleibt doch einfach bei den spannenden Dingen
ohne uns staubiges Zeug beizubringen.

„Keine Ahnung vom Leben" werfen sie uns vor,
unsere Reaktion: Einfach nur „Boah!"
Die Lebensjahre, die ihr auf dem Buckel tragt,
sind das einzige Argument, womit ihr uns schlagt.

Die Probleme rühren daher, weiß jedes Kind,
dass Eltern manchmal peinlich sind.
Ein konkretes Beispiel? Da weiß ich jetzt keines.
Es ist nichts Spezielles, doch eher Allgemeines.

Ihr Lieben, ich möchte mich gar nicht beklagen
und lass euch Altbackenes hundertmal sagen,
die Füße unter eurem Tisch, das ist euch wichtig,
doch leg ich sie drauf, ist es auch nicht richtig.

Wenn ich einmal Kinder hab, schwöre ich euch,
red ich das gleiche komische Zeug.
Also Kinder, freut euch drauf,
so ist der Generationen Lauf.

So war es und ist es auch immer geblieben,
weil Eltern und Kinder sich streiten und lieben.

Meine Entscheidung

Da stehe ich nun.
An einem menschlichen Abgrund.
Stocksteif, damit ich nicht falle.
Mit dem Rücken an der Wand.

Wie bin ich nur hierhergekommen, frage ich mich
und erteile mir zugleich den wenig weisen Rat,
wieder umzukehren.

Hab`s versucht.
Na toll!
Steh mit dem Gesicht zur Wand.
Dreckig, braun und hart wie die politische
Gesinnung derer,
die mich hierhergeschoben haben,
weshalb ich lieber fallen möchte als den Haken
für meine Sicherung in diese Wand zu schrauben,
der ich so wenig traue,
dass ich fest nicht gehalten und schon gar nicht
festgehalten werden möchte von ihr.

Die Nähe zum Abgrund macht Angst,
aber nicht gleichgültig.

Sobald ich diesem Mist traue, misstraue ich der
Achtung für Menschen, Leben und
Menschenleben.

Noch ehe ich falle, entscheide ich mich,
zu springen.

Hinein in eine starke Gemeinschaft und in der
Gewissheit, dass ich nicht gefangen genommen,
sondern aufgefangen werde.
Anders kann es nicht sein.

Jenseits des Abgrundes
breitet die Weichheit ihre Arme aus.

Hochbegabt

Ach herrje, hochbegabt isse?
Mein Gott, wo hat se sich denn das wieder
eingefangen, das arme Ding?
Oh wirklich? Genetisch?
Okay, dann isses ja wenigstens nicht ansteckend!
Aber muss denn sowas heutzutage noch sein?
Es gibt doch Fruchtwasseruntersuchungen,
da kann man die schwerwiegendsten Defekte
schon vorhersehen oder sich zumindest
auf ein Kind mit Defiziten vorbereiten.
Naja, jetzt isses eben so.
Muss man das Beste draus machen.
Wird bestimmt nicht leicht.
Zu hoch ist nie gut.
Hab ne Tante mit Bluthochdruck.
Ist nicht mit zu spaßen.
Gerade fühlt man sich noch ganz normal und
ruckzuck sind die Lampen aus.
Hoch is nix.
Die Bekannte einer Bekannten hat ne
Überfunktion der Schilddrüse.
Is auch nicht einfach.
Kann zu Psychosen ersten Grades führen.
Und dann ist die Stimmung
richtig in Schieflage.
Neeneenee, zu hoch braucht keiner.

Frag mal den enorm übergewichtigen Dackel
meiner Nachbarin.
Der kommt auch nicht klar im Leben.

Und wie läuft das jetzt mit ihrer Hochbegabung?
Kann man da was machen?
Muss sie was nehmen?
Ich hoffe, das therapeutische Angebot ist gut.

Ich meine, man weiß ja:
Hochbegabte haben`s nicht leicht.
Sind ja schon irgendwie anders.
Ich erlaube mir den Begriff „komisch"
(nicht im Sinne von „witzig" oder „amüsant").
Das sind sie ja nun wirklich nicht.
Eher blasse, verhuschte Streber, die in ihrer
ganz eigenen Welt leben.
Mal gut so.
In der realen finden sie sowieso keine Freunde.
Ein Wunder, dass die Eltern die behalten.
Die arme Mutter!
Also ich wüsste nicht,
wie man ein Lexikon großzieht.
Aber irgendwie ist sie ja auch selbst schuld
an dem Schlamassel.
Genetisch …

Und dann hat sie ihr Leben lang
ein altkluges Balg am Hals, das die Nase
noch höher trägt als den IQ,

arrogant und eingebildet ist und sich
für was Besseres hält.

Da kann man doch nur hoffen, dass die
unangenehme kleine Überfliegerin in
Wirtschaft oder Forschung landet, damit die
ganze Sache noch was Gutes hat.
Da sind dann auch nicht so viele Menschen.
Mit denen kommen die Hochbegabten sowieso
nicht zurecht.
Sozial kommen die gar nicht klar.
Die können nur denken und das war`s.

Heute überspringen, morgen wiederholen,
ist immer das gleiche. Weiß jeder.

STOP!

Hochbegabung ist keine Krankheit.
Selten. Aber keine Krankheit.
Sie liegt nur außerhalb der Norm.
Aber wer definiert die?
Sicherlich nicht die 2% der Menschheit, die
hochbegabt sind.
Die finden sich nämlich durchaus normal.
Zugegeben: hochbegabt ist nicht immer ganz
einfach. Sehr begabt wäre leichter.
Auch hochbegabte Kinder stinken, machen sich
schmutzig und sagen schlimme Wörter.

Sie lachen und spielen,
lernen und machen Fehler.
Ja wirklich: sie machen Fehler und davon nicht
zu wenige.
Sie mögen Lob und bekommen davon
tendenziell zu wenig,
weil Höchstleistungen
vorausgesetzt oder erwartet werden.
Emotionen flachen nicht proportional zum
Anstieg des IQ ab.

Auch wir sind glücklich, traurig, mitfühlend,
wütend und amüsiert.
Nicht selten über das, was man von uns denkt.
Ich leide nicht unter einem emotionalen Defizit
und auch nicht unter einer sozialen Störung.

Ich bin einfach nur ne helle Kappe.
Aber Hauptsache gesund!

Für Lina

Aus *Du* und *Ich* ist *Wir* erwacht,
erklären können wir das nie,
doch Titus und auch Emily
haben uns zusammengebracht.

Unsere Geschwister haben es um uns gelegt:
mit liebevoller Hand
ein unsichtbares Band.
Das ist, was von ihnen in uns lebt.

Begegnen durften wir ihnen nie,
denn ihr Leben endete, bevor unseres begann,
ein Versäumnis, an dem keiner etwas ändern
kann.
Doch glaube mir: wir kennen sie.

Unser Herz lebt für auch für sie mit jedem Schlag.
Sie lebt in dir
und er in mir.
Deshalb sind wir besonders stark.

Ich fühle mich dir magisch verbunden.
Schon als ich dich zum ersten Mal sah,
spürte ich etwas, das noch nie in mir war,
eine Kraft tauchte auf und ist nie mehr
verschwunden.

Genau wie ich, bist du früh gestartet,
zerbrechlich klein und bärenstark
hast du dich einfach in die Welt gewagt,
neugierig auf alles, was dich im Leben erwartet.

Emmy und Titus haben uns Energie und Freude
gegeben,
doch ist es sicher keine Schwermut,
selbst wenn es gelegentlich wehtut,
dass sie in und nicht mit uns leben.

Du und ich, wir können wirklich gemeinsam alles
machen,
können die höchsten Berge erklimmen
und durch jeden Ozean schwimmen;
denn wir haben die besten Schutzengel, die uns
immer bewachen.

Kleine Lina, ich bin für dich da.
Unsere Verbindung bleibt ewig bestehen,
solange wir uns in die Augen sehen.
Dieser Gedanke ist wunderbar.

Lüge und Wahrheit

Zuerst war es nicht die Wahrheit.
Nicht die ganze Wahrheit.
Ihr fehlten kleine, nicht unbedeutende Details.
Aber ist eine unvollständige Wahrheit
einer Lüge gleich?
Nicht sofort.
Aber sie bietet ihr nährstoffreichen Boden,
auf dem sie wachsen und gedeihen kann.
Am Anfang ist die Lüge unscheinbar klein,
vielleicht sogar noch freundlich gemeint.
Fügt man ihr kleine Unwahrheiten hinzu,
keimt und wächst sie unaufhaltsam,
bis die Wahrheit in ihrem Schatten steht.

Er gab nicht die ganze Wahrheit preis.
Er hat sie weg gelogen.
Selbst wenn er jetzt sein Herz ausschütten wollte,
müsste er damit rechnen,
dass dessen Inhalt auf Ablehnung fiele.

Wachsen – lassen – wachsen lassen

Ein Lehrer gleicht einem Gärtner.

Er begleitet, schützt und pflegt Wachstum.
Was Natur gegeben ist,
darf unter seiner Hand und Verantwortung
gedeihen und sich entfalten,
sodass es nicht verkümmert oder vergeht.
Nicht jeder ist in gleicher Weise dazu befähigt,
diese Verantwortung zu tragen.

Ein profitorientierter Gärtner züchtet,
stutzt zurecht, schafft Masse und passt an.
Der Bonsaigärtner nennt Veredelung,
was nichts anderes ist
als das Kupieren jungen Wachstums, auf dass es
in die erdachte Form passen möge und gefällt.

Das Ergebnis? Scheinbar perfekt – aber
auf ewig klein gehalten.

Der achtsame Gärtner
würdigt die natürlichen Kräfte indem er
behutsam beobachtet, was wächst.
In Freude auf die werdende Blüte unterstützt er
schon den Keim durch ein nährstoffreiches
Verhältnis von Licht zu Schatten.

Ein Lehrer gleicht einem Gärtner.

Phönix

Jeder Lebenszyklus hat Anfang und Ende.
Sie reichen einander die Hand.
Sind miteinander verbunden.
Gehen ineinander über.

Die hellen und die dunklen,
die leichten und die schweren.

Anfang ist Ende.
Ende ist Anfang.
Es ist der ewige Kreis des Werdens.

Die Asche vergangenen Kummers
wird zum Nährboden zukünftiger Stärke.

Wie ein Phönix dürfen wir uns
aus jeder Dunkelheit erheben,
um mit gewachsener Gestalt,
heller, weiser und kraftvoller
in den kommenden Lebenszyklus einzutreten.

Sind sie religiös?

Ach, um Gottes Willen, nein!

Dem Himmel sei Dank!

Dialog mit meiner Hemmschwelle

Was willst du denn hier?
Ich will rüber.

Ach.
Ja wirklich.

Auf einmal?
Ja, ich will über dich hinweg und sehen, was hinter dir liegt.

Mutig. Weißt du eigentlich, wer ich bin?
Du bist meine Hemmschwelle.

Und was für eine. Ne Nummer zu groß für dich.
Aber ich glaube, ich schaffe dich jetzt.

Komm wieder, wenn du mir gewachsen bist.
Du machst mir keine Angst mehr.

Wetten doch!
Na gut. Ich übe erst einmal an der kleinen da drüben.

Ja ja, bis irgendwann mal.
Nein. Bis bald!

In Erinnerung an Julia Pastrana, eine außergewöhnliche mexikanische Tänzerin, die weltweit Karriere machte, indem sie vorgeführt und ausgestellt wurde, sowohl im Leben bei Freakshows als auch präpariert im Tod.
Erst 150 Jahre nachdem sie starb, machten sich Menschen und Menschlichkeit für sie stark, sodass sie würdevoll, gesegnet und mit größtem Respekt in ihrem Heimatland beigesetzt wurde.

Julia - Panoramablick auf mein Leben

Vor mir liegt es ausgebreitet:
das Panoramabild meines Lebens.
Es ist als ob ich am Ende eines langen Weges
noch einmal stehen bliebe, Rast machend
vor einem neuen großen Schritt und
zurückblickend auf die Spuren meines Seins.

Glasklar präsentiert mir mein Lebenspanorama
einen bunten Schwall von Bildern und
Erinnerungen.

1834 in Sinaloa, Mexiko beginnt mein Leben mit
dem erschreckten Blick einer liebenden Mutter.
Es wird hell. Es wird kalt.
 In ihren Armen fühle ich mich geborgen,
beschützt und behütet.

In ihren Augen erkenne ich verwirrte Liebe.
Verwirrt, weil ich anders bin.
Ich bin von Kopf bis Fuß behaart
und sehe anders aus als meine Mutter.
Mein Gesicht ist grob und nicht ebenmäßig.
Mein Körper ist unförmig und zu klein
im Verhältnis zu meinem Kopf.
Ich bin „hässlich".

Einige Menschen sind im Raum, welche meiner
Mutter bei meiner schweren Geburt halfen.
In ihren Gesichtern sehe ich Ekel, Ablehnung,
Schreck und Verachtung.
Meiner Mutter bringen sie Mitleid entgegen
und Bedauern über die Geburt
eines affenähnlichen Kindes.
Dann wieder schaue ich
in das Gesicht meiner Mutter.
Liebe.

Im nächsten Bereich meines Panoramabildes
sehe ich nur meine Mutter und mich.
Abgeschieden und allein
in einer einfachen Behausung.
Mir fehlt es an nichts, weil sie bei mir ist.
Meine Mutter aber wirkt einsam und unglücklich.
Es scheint, als habe meine Existenz sie beschenkt
und gleichzeitig ein Teil ihres Glücks geraubt.
Ich wachse, ich lerne, ich singe und tanze
durch sie.

Sie lehrt mich das Lesen und Schreiben.
Sie lacht und sie weint mit mir.

Dann plötzlich ein neues Bild:
ein Mann betritt unser Zuhause. Theodore Lent.
Ich beobachte, wie er mit meiner Mutter spricht,
wie sie lächelt und weint,
wie sie unschlüssig auf und ab geht
und schließlich viel Geld von ihm bekommt.

Sie kommt auf mich zu, wirkt ängstlich
und erzählt mir,
dass mir eine riesengroße Chance geboten würde.
In ihren Augen ist noch immer Liebe.
Aber da ist auch noch etwas anderes.
Sie erklärt mir, dass wir uns trennen und
wahrscheinlich nie wieder sehen werden.
Aber sie lächelt
und das gibt mir Sicherheit und Kraft.
Ich glaube an die Zukunft,
die sie mir mit Theodore Lent verspricht.

Ich bin aufgeregt, weil er mir die Welt zeigen soll.
Als ich zum letzten Mal
in das Gesicht meiner Mutter schaue,
sehe ich Sehnsucht, Traurigkeit und Stolz.
Sie weint bitterlich und lächelt tapfer.

Es passiert wirklich.
Theodore Lent nimmt mich mit in die Welt.

Er kauft mir wunderschöne Kleider
und fordert mich dazu auf, darin zu tanzen.
Er verspricht mir, dass die Menschen, denen ich
nie zuvor in meinem Leben begegnen durfte,
mich bewundern und lieben würden.

Ich bin nicht allein.
Da sind noch mehr außergewöhnliche und nicht
den Normen entsprechende Menschen und
Persönlichkeiten um mich herum,
mit denen ich zusammenlebe.
Sie schenken mir Freundschaft
und ich gehöre dazu.

Ich erlebe meinen ersten Auftritt und bemerke,
dass die Menschen mich nicht
wegen meiner Fähigkeiten lieben,
sondern anstarren und keinesfalls bewundern.

Freakshow lese ich auf Plakaten,
Affenmensch und *Hässlichste Frau der Welt.*
Das soll ich nun sein.
Menschen lachen mich aus, starren mich an,
beleidigen mich und würdigen mich
missgünstiger Blicke.
Kinder stehen mit ihren Eltern vor meiner Bühne.
Es schauert sie,
doch sie lächeln mich unvoreingenommen an.
Sie machen Familienausflüge.

Und ich bedaure, dass ich selbst
so etwas nie erlebt habe.
Heute bin ich wenigstens Teil davon.
Wenn auch eine Attraktion.

So zeigt sich mir ein großer Bereich
meines Lebenspanoramas.
Bunte Bilder von Shows, fremden Ländern,
vielfältigen Freunden und bunter Lichter
auf Jahrmärkten in aller Welt.

Theodore behandelt mich freundlich,
aber er lässt mich nicht aus den Augen.
Er bestimmt, dass wir heiraten,
aber er macht mir keinen Antrag.
Oft habe ich unterwegs
von Liebesgeschichten gehört.
Das hier ist keine.

Ich vermisse die unterhaltsamen Nächte
im Zimmer meiner Freunde
und verabscheue die bei meinem Ehemann.
Ich denke viel, ich fühle tief und manchmal
singe ich all diese Gefühle in die Welt.
Aber dafür fließt kein Geld.
Ich muss tanzen.

Auf den nächsten Bildern sehe ich Veränderung.
Ich werde fülliger, werde dicker und spüre,
dass etwas in mir wächst.

Oft lege ich die Hand auf meinen Bauch
und singe leise.
Ich werde Mutter werden.
Trotzdem tanze ich.
1860 sogar in Moskau.
Meine letzte Bühne.

Ich habe Schmerzen, bis ich die Welt
um mich herum kaum noch wahrnehme.
 Ich erlebe eine harte Geburt.

Mein Kind will Leben.
Aber genauso unerfüllt
wie mein Wunsch nach Bewunderung
geht der Wunsch meines Sohnes
nach Leben in Erfüllung.

All das kostet mich Kraft, welche ich eigentlich
schon lange nicht mehr besitze.
Denn ich besitze nichts.
Ich werde besessen.

Das letzte, was ich verschwommen wahrnehme,
ist mein Sohn.
Das letzte, was er mich fühlen lässt,
ist unbeschreibliche Liebe.

Dann wird es dunkel.
Ich trenne mich von meinem physischen Leib.

Ich beginne zu sterben.

Und jetzt bin ich hier.

Liebe, Freude und die Verbundenheit mit
der Welt der Künste werde ich mit mir nehmen.
Der Rest darf mich verlassen
und verschwimmt in einer mir noch unbekannten
und nicht mit mir verbundenen Welt.

Noch einmal lasse ich das Panoramabild
auf mich wirken.

Dann schließe ich meine Augen.

Wenn der Bauer nicht schwimmen kann ...

Wenn der Bauer nicht schwimmen kann,
liegt`s an der Badehose,
denke ich mir von Zeit zu Zeit,
wenn ich höre:

Ich würde ja gerne arbeiten,
aber die Ausländer nehmen uns die Arbeit weg.

Ich würde dem Obdachlosen ja Geld geben,
wenn er davon nicht nur Alkohol kaufte.

Ich würde ja etwas für unsere Luft tun,
aber auf dem Fahrrad krieg ich Rücken.

Na klar bin ich gegen Kinderarbeit,
aber das Shirt aus Bangladesch steht mir so gut.

Ich würde sofort den Müll für die Umwelt trennen,
aber die anderen tun es ja auch nicht.

Tierschutz? Ja sicher!
Ich ess` nur schnell meine Chicken-Wings auf.

Die Strahlung macht uns krank,
poste ich an alle Handybekanntschaften.

Die Waffengesetze wären nicht so lasch,
wenn sie uns nicht vor Amokläufern schützten.

Ich würde morgen schon die Welt verändern.
Macht aber alleine keinen Sinn.

Aber wenn alle das machen,
mache ich natürlich mit.

Und? Merkst du was?

Kirchliche Bescheinigung für das umseitig genannte Kind

J e t t e
(Vornamen)

Taufe

Reg. Nr. 8/2006

Getauft am   30. April 2006

in der   Pfarrkirche St. Martini

zu   Wesel

durch   Pfarrer Heinrich Pauen

Paten.

Margit Keunecke

Silvio Martinelli

Taufspruch:

Evangelium: Matthäus 18, 1-5

Wesel   , den   30.04.2006

Das   katholische   Pfarramt

Reg. Nr.

Schon immer du

Genau genommen habe ich drei Elternteile:
Mama, Papa und einen besonderen Schatz.
Als ich beschloss, dass ich mich auf die Welt beeile,
nahm sie geduldig vor der OP-Tür Platz.

Sie traf meine Eltern, als deren Welt zerbrach
und begleitete sie über die härteste Hürde.
Sie half meiner Mutter, indem sie versprach,
dass die Trauer nicht immer so wehtun würde.

Der erste Gedanke an mich hat sie berührt,
sie wurde gebeten und wusste es schon,
dass sie mich als Patin durch das Leben führt
aus Liebe und Vertrauen in zweiter Generation.

Sie nahm mich zu sich, auch mit Monitor,
außer ihr traute sich das niemand zu,
sie schenkte mir immer ein offenes Ohr
und in ihrem Arm kam ich sicher zur Ruh.

Sie machte mir Freude durch schöne Geschenke,
mein Schwein durfte häufiger Scheinchen sehen.
Ich bin doch ein Glückskind, wenn ich bedenke,
dass es ihr nie zu viel war, den Teddy zu nähen.

Ich fühl mich ganz wohlig, wenn ich bei ihr bin,
weil sie mich perfekt findet, egal was ich tu.
Dass wir zwei uns haben, das hat einen Sinn;
denn die beste Patentante, Margit, bist du.

Aus dem Tagbuch einer Eintagsfliege

Die Eintagsfliege schrieb auf das einzige Blatt
ihres Tagbuchs, so dürfen wir heut darin lesen,
kurz bevor sie das Zeitige gesegnet hat:
Heute ist der beste Tag meines Lebens gewesen.

Neulich am Eistresen

Mir scheint,
als beschere der Klimawandel
unseren Eisdielen
aufgrund steigender Temperaturen
zunehmend wirtschaftlichen Aufschwung.
Immer dichter wird das Gedränge
genussfähiger Konsumenten
unter den Sonnenschirmen,
immer länger die Schlangen
vor den Verkaufstresen in Fußgängerzonen,
in denen sich solche, die Abkühlung durch
Frucht- und Milchspeiseeis suchen,
geduldig einfädeln, bis das erlösende
„Was darf es sein?"
ihnen ein glückseliges Lächeln entlockt.

Auch ich schlängelte mich
in diesem, doch sehr heißen Sommer
erwartungsvoll gen Erdbeer,
Zitrone und Schoko,
als ein nicht ganz untypischer Vorfall
jäh meine Vorfreude unterbrach,
obschon es nur noch eine Schulter war,
über die ich auf das farbenfroh
erfrischende Angebot in der Auslage schaute.
Meine Mundwinkel hatten sich
Bereits bis an die Ohren zu heben begonnen
Und ich holte tief Luft,

um auf die ersehnte Frage zu antworten,
als ein untersetzter Mitfünfziger
in beigen Shorts auf weißen Beinen
in offenem PVC-Schuhwerk
an mir vorbei flipfloppte,
sich zwischen mich und meinen
Gaumenschmaus stellte
und leidenschaftslos seine Bestellung aufgab,
obwohl er eigentlich noch nicht
am Kopf der Schlange angelangt war.

Von einer Sekunde zur nächsten
sind meine Mundwinkel spontan
so tief gesunken, dass sie nahezu
das Höflichkeitsniveau des unerlaubt vor mir
Bestellenden erreichten.
Meine Vorfreude erlebte einen Sekundentod
und mein Glücksgefühl stellte sich
gedanklich wieder hinten an,
als folgende Szenerie mich zutiefst beglückte:
Im Augenwinkel betrachtend bemerkte ich,
wie die gierige Zunge des ignoranten Vordränglers
das fantastisch aussehende Vanillebällchen
von seiner Eiswaffel auf den
harten Asphalt schubste.

Schön war`s.
Eisdielen sind herrlich!

Du weißt ja gar nicht

Du weißt ja gar nicht, wie mutig du bist,
wenn du deiner Angst zuhörst,
ihr Stimme gibst und sie fragst, was es ist,
wovor sie dich warnen möchte.

Du weißt ja gar nicht, wie stark du bist,
wenn du Schwäche zeigst oder weinst,
weil dich etwas so tief berührt,
dass es dein Innerstes erreicht.

Du weißt ja gar nicht, wie schön du bist,
wenn du die Maske ablegst und
deine Narben und Unebenheiten,
deine perfekte Unperfektheit offen zeigst.

Du weißt ja gar nicht, wie groß du bist,
wenn du dich ganz klein fühlst,
weil dir Dinge über den Kopf wachsen
und du um Hilfe bittest.

Du weißt ja gar nicht, wie weich du bist,
wenn du vor harten Entscheidungen stehst
und das Leben dir abverlangt,
dich richtig zu entscheiden.

Ich weiß es.
Du bist mutig, stark, schön, groß und weich,
weil du bist, wie du bist: wunderbar menschlich!

Interview mit der Angst

„Warum tust du das?", habe ich meine Angst
gefragt, die mich ganz erstaunt ansah und
offensichtlich überhaupt nicht wusste, wovon ich
sprach. Es schien, als fühlte ausgerechnet sie, die
mir das Leben manchmal so schwer macht, sich
von mir angegriffen.
„Was meinst du?", entgegnete sie schulterzuckend
und mit glaubwürdig erstaunter Mine.
„Du gibst mir ein schlechtes Gefühl!"
„Ich gebe dir Sicherheit."
„Bitte was?!"
„Ja, ich sorge dafür, dass du sicher bist."
„Du sorgst dafür, dass ich mich schlecht fühle,
dass ich zittere und mein Herz rast,
dass ich schwitze und mir der Atem stockt.
Du erschrickst mich und machst mir
Bauchschmerzen, wegen dir möchte ich
weglaufen, mich verstecken oder fliehen".
„Ich beschütze dich. Ich warne dich vor lauernden
Gefahren, ich weise dich auf gefährliche
Situationen hin, ich stelle mich vor die
Unvorsichtigkeit und bringe dich sicher durch das
Leben. Ich bin nicht dein Feind, sondern passe
auf dich auf."

Nun war ich nicht mehr wütend.
Aber es fiel mir schwer, dankbar zu sein.

Torwart

Nicht vorne mitmischen, aber hinten sichern.
Angstfrei.
Letzter Mann.
Beweglich bleiben.
Gute Reflexe nutzen.
Das Spiel im Auge haben.
Störquellen ausblenden.
Immer fokussiert auf das Wesentliche.
Im Strafraum fair bleiben.
Stärke zeigen.
Überflieger.
Im richtigen Moment da sein.
Meiner Mannschaft Rückhalt geben.
Schnell sein, wenn ich gebraucht werde.
Laut sein und Meinung haben.
Hingehen, wenn getreten wird.
Kassieren abschütteln.
Aufstehen und weitermachen.

Genau so möchte ich sein.

Im Sport wie auch im Leben.

Schön ist ein Gefühl

„Howdy", rief das Hässlon,
als es den Schönheitssalon betrat
und mit frisch gegilbten Zähnen
fröhlich in die Runde lächelte.

„Ich wollte nur mal eben sagen:
Ich will gar nicht so sein wie ihr!"

Grasgeflüster

Vor dem Weißen Haus, man staune und schau,
pflegt man den Rasen millimetergenau.

Symbolischen Charakter erkenne ich darin,
denn irgendwie macht das Prozedere Sinn,

wissend, dass dortiger Staatsmann es schätzt,
wenn Gras über Versprechen von gestern wächst.

Fehler kaschiert er überaus dreist,
bis er einst in das selbige beißt.

Worte

Lasst aus Buchstaben Wörter werden
und aus Wörtern Worte.

Denkt, bevor ihr sie aussprecht;
denn Worte zeigen Wirkung.

Es liegt an euch, wofür ihr Sprache
gebraucht oder missbraucht.

Worte können streicheln oder schlagen.
Sie gehen zu Herzen oder unter die Haut.

Meinung oder Propaganda.
Schimpfwort oder Kompliment.
Wahre Worte oder Lügen.

Es liegt allein an euch.

Seid laut genug und niemals stumm.

Lasst aus Buchstaben Wörter werden
und aus Wörtern Worte.

Inhaltsverzeichnis

Nachsatz

Kennen Sie das Gefühl, wenn man meint, dass Gedanken anklopfen?
Meine Empfehlung:
Machen Sie einfach mal einen Spalt auf und seien Sie gespannt, was passiert.

Herzlich
Ihre Jette Barlag